쓸쓸함이 아직도 신비로웠다

실천시선 251
쓸쓸함이 아직도 신비로웠다

2017년 3월 15일 1판 1쇄 찍음
2017년 10월 13일 1판 2쇄 펴냄

지은이　　이재연
펴낸이　　정소성
편집　　　정미라
디자인　　윤려하
관리·영업　이승순, 박민지
펴낸곳　　(주)실천문학
등록　　　10-1221호(1995.10.26)
주소　　　서울특별시 성북구 보문로 82-3, 801호(보문동 4가, 통광빌딩)
전화　　　322-2161~5
팩스　　　322-2166
홈페이지　www.silcheon.com

ⓒ 이재연, 2017
ISBN 978-89-392-2251-9 03810

이 책은 한국문화 예술위원회 광주광역시 광주 문화재단의 문예진흥 기금을 후원 받아 제작되었습니다.
이 책 내용의 전부 또는 일부를 재사용하려면
반드시 지은이와 실천문학사 양측의 동의를 받아야 합니다.

이 도서의 국립중앙도서관 출판시도서목록(CIP)은 e-CIP홈페이지(http://www.nl.go.kr/ecip)와 국가자료공동목록시스템(http://www.nl.go.kr/kolisnet)에서 이용하실 수 있습니다. (CIP제어번호:CIP2017006562)

실천시선
251

쓸쓸함이 아직도 신비로웠다

이재연

실천문학사

차례

제1부

토성에서 오는 것	11
단테는 단테를 생각한다	12
눈사람의 춤	14
사이프러스와 밀밭	17
토비아의 시절	20
별별 무늬의 담요와 냄비	22
종(種)과 종 사이	24
카론의 배	28
천사들의 침묵	32
돌에 물을 준다	34
토리노의 말	36

2부

쓸쓸함이 아직도 신비로웠다　　　　　　41
새와 공구와 스웨터　　　　　　　　　　44
다정의 세계　　　　　　　　　　　　　　46
누군가에게 돌아갈 수 있다고 생각하는 것은 환상인지
모른다　　　　　　　　　　　　　　　　48
오래 들었다　　　　　　　　　　　　　　52
어떤 책의 구조　　　　　　　　　　　　55
해가 사라질 때까지　　　　　　　　　　56
뒤에 올 일　　　　　　　　　　　　　　58
더 블루　　　　　　　　　　　　　　　　63
식탁의 주인　　　　　　　　　　　　　　66

3부

남아있는 자들의 도시	71
하늘로부터	76
마녀에게 귀를 빌려준 맥베스	78
오래 앉아있는 것이 정답이었다	80
착란	82
지상의 나날	84
물속에 숨어있는 파도	88
years	90
반복	92
수레와 지붕	93

4부

백색의 얼굴 101
엘리펀트 송 102
다른 입장에 대해 나의 입장을 정리하다가 104
내 말과 너의 말 108
오십이 킬로그램의 허기 110
보이지 않을 때까지 112
기쁜 소식 115
보이지 않는 눈 118
밤의 체제 120
얼음들 122
누가 오고 있는가 124

해설 고봉준 129
시인의 말 143

제1부

토성에서 오는 것

버스는 아무것도 모른다
왼쪽으로 오른쪽으로 바퀴는
갔던 곳으로만 가는 습관이 있는 듯
중국 사람들이 몰려왔다 몰려갔다
연약한 사람은 창가 쪽으로 옮겨가
차가워진 바람을 매만지거나
자세를 바꿔 앉았다
꽃이 오고 꽃이 떠날 때까지
꽃은 우리를 보고 있었다
어떤 자세로도 다 알 수는 없지만
간헐적으로 떠오르는 쓸모없는 예감과
날카로운 햇빛은 토성에서
오는 듯했다

단테는 단테를 생각한다

휴일이 되자, 단테는
잠을 조금 더 잤다
창문을 열고 날씨를 관망하다
사람이기도 하고 사람이 아니기도 한
예수의 이름으로 기도문을 외운다
은밀했고 은밀했던 인연은
그렇게 오래가지 않았다
단테는 영혼을 만나고 싶어 했다
두 팔을 활짝 펴서 누군가를 만나고 싶어 했다
이 거리 이 그림자들 속에서 단테는 산책을 한다
아니 단테는 단테를 설명한다
할머니, 할머니 부르는 어린 손녀의 투정이
끊어졌다 다시 흘러가는 시냇물 소리 같은
저녁, 단테는 단테를 생각한다
무엇이 다가오는지 모르는
어린 벌레들의 울음소리
그 눈물의 장르가 끝나면 망각의 시간은

아이가 되어 세계의 바다에 엎드려있더군요

더러운 눈곱 같은 것에 신경 쓰지 않는

호랑가시나무의 시간, 누군가는

이미 정해진 속도로 늙어가고

누군가는 같거나 다른 이름으로 인해

몸이 굳어있다 우리는 무엇인가

무엇인가 수정할 문제를 책상에 쌓아둔 채

식사를 한다 단테는 단테를 생각한 후

잠을 더 잤다 비로소

단테는 단테를 생각하지

않게 되었다

눈사람의 춤

등을 버려야 하는지
등을 보여야 하는지
태도를 결정해야 하는 아침이면
종일 너 없는 쪽으로 걸어갔다
아무도 없는 쪽에서 저녁이 다가왔다

바람벽에 몸을 기대어있다가
흰 얼굴로 눈을 떴을 때 해는 서쪽에서 자고 왔다
겨울은 멀리서 오는 것 같았다

불어지지 않는 휘파람 속에서
흰 곰팡이 꽃이 피어올랐다가 말라가는 동안
뭔가 이루어져 가는 것은 더 이상 없었다

다시 겨울이 왔다, 그가 왔다
말을 하지 못했다 서로 말을 하지 못했다
아무것도 설명하면 안 되는 나라에서 눈이 온다고 믿었다

기다란 그림자라고 생각한 그가 자고 갔다
바람이 시끄러워졌다

사람들 속에서 소실점이 떠올랐다
미루나무 속에서 미루나무가 태어났다

말을 할 줄 몰랐다 무슨 말을 해야 할지 몰랐다
망설이다가 그에게 손을 그려주었다
내 손을 천천히 그에게 주었다
다른 곳을 오래 바라보던 그가
나를 잡고 춤을 췄던 이유를 알 것 같았다

시간이 흐른다고 생각할 수 없을 만큼
눈 속에서 조금씩 눈이 왔다 그리고 또 눈이 왔다

우리는 앞으로도 쭈욱 이별 없이도
서로를 잊을 수 있었던 이유 같은 거

알려고 하지 않는다는 것을 알고 있었다

나는 소리 없이 버려졌다
버려졌다는 사실을 이해할 수 있을 때까지
이해하지 않으려는 버릇이 생겼다

따뜻했던 것을 차갑게 기억하려는 버릇이 생겼다
그해 겨울의 모든 것은 꿈이 되었다
그에게 나의 손을 주었다 그리고

아무도 보이지 않을 때까지
춤을 추었다 우리는
물이 되었다

사이프러스와 밀밭

　오늘도 밀밭이 없는 곳까지 다녀와 쓰러져 잠이 든다 다시 밀밭을 그리기 위해 팔레트에 남아있는 모든 감정을 지운다 팔레트만 남는다 테오야, 색을 지운다 모든 색을 지우기 위해 대륙의 바람을 사용한 적도 있지만 바람은 믿을 것이 되지 못한다 아무도 보이지 않는 들판, 너무 멀리 와버린 것 같다 하지만 조금 더 가야 한다 사이프러스, 사이프러스 하늘로 올라가고 있다 모든 것이 곧 사라질 것만 같다 나와 같거나 다른 영혼에 기대어도 봤지만 나무 침대에서 말라버린 노란색 물감 냄새가 올라오는 저녁의 몽환만큼 행복하지 못하다 모든 색을 지우는 데에 남아있는 귀를 마저 잘랐다 비로서 내가 보인다 밀밭이 보인다
　까마귀가 날아오른다

어지러운 바람과 함께 나는 다시 잠이 들곤 한다
쓸쓸한 귀를 만지면 거울 속에
괴로운 얼굴이 잠깐 비쳤다가 사라진다
밀밭을 바라볼 때마다 기다리는 모든 것이

다 사라지고 난 후에

나타나야 할 것과

싸우고 있다는 생각을 한다

밀밭이 일렁인다

밀밭에 갇혀

밀밭에서 나오지 못한

꿈속에 네가 왔다

끝없이 따라가는 태양이 부서져

완전히 늙어버렸을 때

드디어 우편물이 왔다

 다시 들판으로 나간다

 무엇이 나를 기다리는지 알 수 없다 농담을 잃고 조금씩 먹는 동안 나는 누군가를 대신해 나를 자해하고 있는 것 같다 하늘로 올라가는 사이프러스, 사이프러스 갈 수 있는 데까지 가볼 생각이다 내 얼굴이 수척해져 간다 이웃들이 내게서 멀어져 간다 보이지 않았던 것이 나타난다 점점 단순하게 사라지는 들판에 회오리만 남는다 이해할 수 없는 희열에 매달린다 까마귀가 흑점처럼 멀리 사라진다 테오야, 나는 매일 밀밭이 없는 곳까지 다녀와 쓰러져 잠이 든다 내 방의 모든 흔적을 너에게 남긴다

토비아의 시절*

누가, 잡은 내 손을 놓았다. 봄은 짧고 빠르게 지나갔다. 꽃들은 이전과 달랐다. 꽃잎이 뚝뚝 떨어졌다. 모두가 바빴다. 바쁠수록 토비아의 시절은 사라져 갔다. 손을 주머니에 넣고 깨끗하게 약속을 버린다. 지켜질 수 없는 약속이 종이처럼 날린다. 흰 눈이 온다. 첫눈이라고 한다.

첫눈이라고! 입 속으로 크게 말하는 연습을 한다. 아이들은 생강 냄새가 싫다고 한다. 그것을 연속적인 것이 아니라고 할 수는 없다. 담배 냄새가 싫다고 낮게 소리친다. 정말이지 어떤 것도 연속적인 것이 아니라고 할 수는 없다. 어떤 공간 속에서는 흰색이 조용히 타오른다. 아이들의 오락은 지칠 줄 모른다. 쳐다볼 수가 없다. 첫눈이라고 오래 쳐다볼 수가 없다. 첫눈 오는 소리를 들어보자고 커튼을 내린다.

첫눈이라고 소리친다. 생강 냄새가 싫다고 소리친다. 첫눈 오는 소리를 들어봐야 한다고 커튼을 내린다. 첫눈이 사라졌다. 잡은 손을 놓쳤다. 따뜻하고 부드러운 손을 놓쳤다. 미끄러운 계단들, 어둠 속을 나는 새, 새가 사라져 가는 방향, 날카로운 바람, 창유리를 밝히는 밤의 통로, 한동안 느낄 뿐 말하지 못한 신비, 그리고 갑자기 우리는 바빠졌다.

첫눈이라고! 입 속으로 소리친다. 아이들이 사라졌다. 커튼을 내린다. 기다린다. 무엇인가 기다리지 않으면 안 되는 밤이다. 이것이 우리였다. 우리의 것이었다. 우리 언제부터 여기에 있었지? 우리를 기다리는 토비아의 시절은

---

* 릴케의 「두이노의 비가」에서 인용.

별별 무늬의 담요와 냄비

버건디색이 다 빠져나간 저녁을 간신히 붙잡고 있는 천 쪼가리들을 가지고 논다 바람이 녹옥수 같은 치마를 펼친다

오래된 거울과 함께 주문을 외우면 사라진 사람들이 나올까 땅굴이 나올까 중국이 나올까
중국과 모래가 뒤섞인다 사라지지 않는 불면과 좀비들, 살아있잖아 살아있으니까 창유리가 뛰어내린다

흔들리지 않은 것처럼 레몬이 움직인다 새가 날아간다 선택할 수 있는 노래와 친구와 책과 쓸모없는 가슴의 파문을 따라간다

압사한 추억 끝에 여름이 서있다
모든 것이 사라졌다 다시 나타나면 원소가 될까 구석이 될까

아름답고 아름다운 귀가 큰 종족, 모두들 어디로 갔을까

같이 있어도 혼자 있는 오늘은 가죽을 입는다 바람이 너무 많이 분다 담배가 떨어지자 계절이 바뀐다

꽃이 지자 다시 독서 독거 동독 그리고 월요일,

엘리베이터 안에서 이웃을 만나 함께 쓰레기를 버린다 손을 씻고 각자 흩어져 가는 우리에 관한 모든 것, 다 알고 있는 별별 무늬의 담요와 냄비

종(種)과 종 사이

나는 또 미안해하고
미안해하는 마음으로 돌아와

냉장고 앞에 서있다

토마토 안에 개구리가 거북이가 앉아있는지
토마토는 더 이상 물러지지 않는다
물러서지 않는다

이미 다른 계절이 오고 있다

사랑도 아니고 모욕도 아니고
손에 들려있던 것이 사실도 아니고
겉옷도 아니었다면

저녁의 어스름은
내 어깨에 손을 얹었을 것이다

늙은 여자의 고요한 뺨처럼
수줍음이 사라진 오후의 장미 따위 조용히 지나치고 말았을
그 골목 그 어디에도 창문은 아무 말도 하지 않는다

메마른 나무 테이블을 가운데에 두고
서로의 눈으로 가슴을 오래 겨누었을지라도

우리는 또다시 헤어졌을 것이다

아무리 찾아도 왔던 길이 나타나지 않아
내 손아귀에 잡힌 손금을 찾아 나서는 동안
내 이름은 내가 불렀고
너의 이름은 부르지 않았다

잠깐 사이
우리의 상황은 많이 달라져 있다

가까워질수록 멀어지는 사람의 신발을 생각하기도 하고
바라보기도 하는 저녁, 무딘 칼로 버터를 자른다
사각의 프라이팬에 버터를 녹인다
버터가 지글지글 끓고 있다

나는 짐작하고 또 짐작한다

쉽게 보이는 것이
쉬워 보이는 것이 감자라고

내 어깨 위에 포트스잇을 붙인다

버터는 버터를 벗어나고
나는 점점 작아지거나
마침표가 없는 문장이 되어 겨우 포스트잇에 붙어서

늙어갈지 모르는 저녁

자유도 아니고
풀잎도 아닌

내 이름을 부른다

카론의 배

1

어젯밤
내 것이라고 할 수 없는 그림자가
늘어뜨린 흰 레이스처럼 나에게 다녀갔다
창문과 창문 가운데에서 움직이지 않는
우리의 테이블 우리의 접시
접시 위에 놓인 과자
우리는 멀고도 가까웠다
간절히 바라보면
천천히 나타났다
사라지는 생의 흔적
누군가 있다면
누군가 살아있다면
나와 다르다고 생각한 적이 없는 방향으로
조금 더 가까이 오기를 기다리고 있다
그것이 다른 무엇을 허락하지 않는 유령일지라도

아홉 번이나 나타나는 봄일지라도
마루 밑에 쌓이는 먼지와 거미줄일지라도
아무도 다 알 수 없다고 생각하는
나의 오두막 가까이에서
계절의 방식대로
뽕나무 잎들이 흔들린다
내가 궁금한 것은 흔들리지 않는
연인의 창백한 표정이다
한숨은 어디로 흩어졌다
눈물은 어디 있소* 나무껍질처럼
주름진 내 손은 어디 있소

살찐 귀를 즐겁게 할 수 없는
나의 손가락을 심장 속에 묻고
오랫동안 쳐다보지 않는
이곳의 꽃씨에게 바람이 불고
아이들을 바라보듯 바람이 울고

바람이 흩어버린 좌표를 찾다가
당신을 만지고 말았다

비올라 다 감바 말고는 만질 게 없어
죽은 아내를 만지고 말았다

2

갈망과 무심
늙어버린 침묵
무엇을 원하는지 잊어버린 것 같은 순간들
당신이 종종 어둠이 되어 앉아있는 이곳에
회한 말고는 남아있는 것이 없다
때때로 나와 다른 모든 것이
나를 거칠게 하지만
궁극이 아닌 것으로는

이루어질 수 없는 일생,

악보만 남는다

악보를 찢는다

비로소 내 심장 속에

파묻은 손가락을 꺼낸다

활을 켠다

눈물을 흘린다

카론의 배가 사라진다

---

* 파스칼 키냐르의 『세상의 모든 아침』 중에서.

천사들의 침묵

말 한마디 없이
아버지는 오래전에 죽었다
죽어라고 독재를 반대하던 사람도 죽었다
가브리엘, 미카엘, 라파엘, 우리엘의 눈동자여
그대들이 본 것을 말해주시오
이제 아무도 바람과 싸우지 않는다
이제는 아무도 자신의 연애가
성공하리라고 생각하지 않는다
광장에도 맑은 오후에도
사람들이 말하기를 쉬운 일은 없다
하늘은 물론이고 우리의 꿈조차도
그들의 손아귀에 있다 순간도 자연도
무한한 침묵도 그들의 것이다*
자전거를 타고 강물을 따라 돌아도
전속력으로 달려오는 또 다른
곡선과 부딪쳤다 늘
그랬던 것처럼 앞으로 쭉쭉

빠져나가지 못한 사람들은
두 손을 공처럼 둥그렇게 모으는 습관이 있다
공손한 두 손은 이 도시의 패자에게 남은 모든 것이다
진짜 큰 도적들은 밀실에서 돈을 세고
있는 자는 태연하게 감옥에서 나오는
추억은 매우 나빴다 죽은 자와
담배를 나누어 피우는 장례식장에는
알맞은 침묵, 알맞은 기억이 있다
죽은 자의 이름을 자꾸 떠올린다
연기와 재만 남는다

---

* 영화 「토리노의 말」 대사 인용.

돌에 물을 준다

돌에 물을 준다
멈춘 것도 같고 늙어가는 것도 같은
이 조용한 목마름에 물을 준다
이끼 품은 흙 한 덩이 옆으로 옮겨온 너를 볼 때마다
너를 발견했던 물새우 투명한 그 강가
밤이슬을 생각하며 내가 먼저 목말라
너에게 물을 준다

나를 건드리고 지나는 것들을 향해 손을 내밀 수도 없고
뒤돌아볼 수도 없다 나는 무겁고 바람은 또 쉽게 지나간다
움직일 수 없는 내게 바람은 어둠과 빛을 끌어다 주었다
때로 등을 태워 검어지기도 했고 목이 말라 창백해지기도
했다
  아무하고도 말을 할 수 없을 때, 가슴을 뚫고 오는
  빗줄기로 먹고살았다 아픔도, 더더구나 외로움 같은 건
나를 지나는
  사람들 이야기로만 쓰였다 나는 몸을 문질렀다 캄캄한

어둠 속에서 숨소리도 없이 몸을 문질렀다 내 몸에 무늬
가 생겼다
　으깨진 시간의 무늬 사이로 숨이 나왔다

　강가 밤이슬 사라지고
　소리 없이 웅크린 기억들이 나를 들여다보고 있다
　너의 긴 길이 내 몸속으로 들어왔다
　멈출 수도 늙어갈 줄도 모르는
　돌 속의 길이
　나에게 물을 준다

토리노의 말*

프리드리히 빌헬름 니체

황무지 위에 지은 집
하루 이틀 사흘 나흘 닷새 엿새
그리고
우물이 말랐다
그 순간, 말을 보고 마부인 노인을 보고 노인의 딸을 본다
 노인과 그 노인의 딸은 끝나지 않는 바람을 보고 있다 그 바람 속에서 나타나는 집시를 본다 집시들이 사라진 후 마을에서 올라온 속인을 본다 아니 마을에서 올라온 사람을 먼저 본다 그것들은 중요하지 않다 거기에 끝내 나타나지 않는 수많은 그들을 본다
 그들은 좋은 것을 나쁜 것으로 만든 다음
 자기 것으로 만들어버리거나
 혹은 자기 손에 넣은 다음
 좋은 것을 나쁜 것으로 만들어 소유해버린다**
 그들로부터 멀어진 노인은 이방인,

거대한 바람과 작은 바람은 멈추지 않고
그 바람 속에서 가벼운 티끌들은 춤을 춘다
춤을 추는 티끌들이 언덕을 가득 채운다
문을 닫고 귀를 닫는다
바람은 멈추지 않고
티끌들은 더 많은 티끌들을 모은다
마을은 그들의 것이고 그들이 만든 마을은
쉽게 허물어지고 쉽게 허물어진 세상은 다시 쉽게 세워진다
마을로부터 떨어져 있는
희미한 등불
등불 밑의 노인은
뜨거운 감자를 조금 으깨어 먹는다
등불을 끈다
무겁고 가볍게
침대에 누운다
여전히 바람
여전히 침묵

우물이 말랐다

니체는 토리노에서 마부의 무자비한 채찍을 맞으면서도
꿈쩍하지 않는 말을 끌어안고
어머니 저는 바보였어요, 라고 울부짖었다
그 후 십 년 동안 병상에 누웠다
그리고 사망했다

---

* 벨라 타르 감독이 만든 영화의 제목.
** 영화 「토리노의 말」 중에서 나온 대사.

제2부

쓸쓸함이 아직도 신비로웠다

　환상과 자폐에서 깨어날 때마다 아파트만 무수히 태어났다.
　우리들은 무성한 아파트를 반성했지만 반성뿐인 결론에 도달하곤 했다.
　어떤 결론은 보기에도 민망했고 입 속에서도 서걱거렸다.
　저녁이 되어 사람의 그림자가 발등에 수북이 떨어지자,
　우리들은 우리 속의 쓸쓸함을 꺼내
　천천히 쓰다듬기 시작했다.

　태양이 식자, 어떤 청춘들은 알 수 없는 표정으로 떠돌았고 우리들은 골짜기의 그림자처럼 두꺼워졌다. 그런 쓸쓸함이 아직도 신비로웠다.

　바람은 언제 어디서나 나타났지만 주위를 환기시키지 못했고 풀잎들을 일으켜 세우지도 못했다.

거리에서 처음 만난 사람들은 이름을 주고받고 헤어졌다가 다시 만나, 서로 다치지 않게 거래를 이어가기도 했다.

그러한 거래 끝에서도 생을 뚜렷하게 뒤척이는 영혼을, 시인들은 검은 모자를 눌러쓰듯 자꾸 눌러썼지만 세상의 절반은 영혼의 범람을 알지 못하거나 알려고도 하지 않았다.

밤이 되어 측백나무가 제 키를 껴안고 울 때, 어떤 이는 단순하게 흙으로 돌아갔다. 또 다른 이는 삶과 죽음이 하나인 세계로 들어갔지만 남은 자들은 소수자에 불과했다.

뱀처럼 차가운 달이 뜰 때면 도시 외곽을 에둘러 흐르는 냇물이 움직였다. 그 물 꼬리를 바라보면 천천히 소름이 돋았다.

곳곳에 기도가 넘쳐흘렀지만, 어떤 불신은 막무가내 손을 뻗쳐와 소름이 멈추지 않았다.

성을 바꿔도 또 다른 나로부터 오늘을 골몰했고 흩날려 귀환하지 않는 꽃씨처럼 아릿한 방식으로 아이들은 줄어들었다.

얼굴보다 먼저 시들어가는 한 떼의 젊은이들은 제 내면을 들여다보며 술을 마셨고 아침이면 아이들은 한곳으로 모여들었다.

웃자란 아이들이 돌아오자 곧, 태양이 식었다.

새와 공구와 스웨터

곧 가을이 왔다
눈이 올 무렵 양파를 썰다가 양파에 갇힌 눈물을 바라본다
눈물을 조금 생각하다가 자세를 바꾸고
이사를 했다

죽은 나무와 빈 화분과 공구가 담긴 상자와 액자를 버리고
익스프레스가 떠난 오후 주소를 옮긴다

오래된 주소와
낡은 스웨터를 헌 옷 수거함에 버리고 온 후에도
하루 종일 창가에 앉아 어지러운 사물들을 잊고 새를 이해했다

한 마리, 두 마리, 세 마리,
세고 있는 동안 일부는 계보를 만들고 일부는 죽는다
나무는 흔들리고 새는 날아갔다 다시 왔다

나무이면서 나무가 아닌 것 같은 책장을 버리는 데에
짧은 숲의 시간이 필요했다

새에게 도달하려면 가로와 세로가 없는 허공이 필요했다
윤곽이 없는 트랙이 필요했다 바람에게 필요한 트랙이 필요
했다 이름이 필요한 별이 필요했다 별을 만지면 같이 달려
야 할 트랙이 필요했다 돌고 있다 어지러웠다 돌고 있다, 사
실은

이사를 해도 살던 동네는 떠나지 못했다

이런 망설임으로 동사무소에 들렀다
조금 아는 직원이 나의 이름을 물었다
필요 없이 새의 이름을 신고하고
돌아오는 길에

가을을 이해했다

다정의 세계

우리는 아주 가끔씩 다정해진다. 식사가 끝나면 카드를 찾아 손쉽게 자신의 이름으로 자신을 증명하였다. 그다지 어려운 일도 쉬운 일도 아닌 그런 일들과 함께 나무보다 앞서서 나무를 생각하기도 한다. 나무는 나무들끼리 조금씩 움직이고 아이들은 자신들의 은어를 가지고 놀았다.

이 별에는 비가 내리거나 발자국이 아닌 발자국을 따라가듯 눈이 온다.

혹자는 부드러운 목소리로 길냥이를 키워낸다. 또 다른 혹자는 불안이라는 이불을 덮은 오늘과 자연스럽게 동침을 하였다. 바람은 부풀려지고 희망은 양은 냄비에 담겨 길냥이들을 불러 모으지만 길냥이의 눈은 종종 믿음이 가지 않는다.

캔도 믿을 수가 없고 커피 속의 아메리카도 믿을 수 없는 저녁, 우리는 다시 모인다. 모이고 헤어지는 데에 이유는 없었지만 이유 없다는 것만큼 커다란 이유도 없다.

　우리는 계단의 모서리처럼 예민해진 얼굴을 감추고 가족사진을 찍으며 비로소 가족을 이해하려고 했다. 결국 이해하려고 하지 않는 쪽이 자신을 창유리에 던진다.

　비와 비는 꿈틀거린다. 햇빛은 달아나기 직전 다시 붙들려왔지만 육 일 밤 내내 혼선과 피로를 유지한 채 저녁이면 다정한 얼굴로 불빛 앞에 서있다. 많이 본 얼굴, 어디선가 본 얼굴, 다정한 얼굴.

누군가에게 돌아갈 수 있다고 생각하는 것은 환상인지 모른다

이제 우리는 분석의 대가가 되었다.

어떠한 문제도 쉽게 해결해낼 수 없는, 다만 분석의 추종자들이 되었다.

말을 위한 말의 종달새가 되었다. 날마다 너의 일상과 기분을 낱낱이 들려주며 아침을 견디고 저녁을 견디다가 갑자기 노련한 수완가가 되었다. 나쁘지 않으면서도 나빴다.

나쁘지 않은 점은 견뎌냈다는 것이고 나빴다는 것은 치밀해졌다는 것이다.

더 나쁜 것은 믿음을 잃었다는 것이다.

자신의 몸으로
떨어져 부서진 열망처럼
난간에서 얼음이 반짝이던 이월은
희망과 좌절이 서로 교차하는 중이다
자세히 들여다보면 희망은 늘 같은 자리에 있다
달라진 것은 없다
앞으로 나아갈 수 없는 회의주의자들은

어디로든 움직이지 않았다

창유리를 닦으며 심연을 보여주지 않는

차가운 바닥으로 한없이 끌려들어 가지만

옛날은 지금이 아닐 뿐이다

봄은 천천히 왔다 믿을 수 없을 만큼

천천히 떠오르는 문제를 앞에 두고 차를 마시며

마음을 열고 닫기를 반복한다

지금 생각해보면 누군가를 알고 있다고 생각하는 것은

더 이상 아무것도 아닌 것인지 모른다

함성이 필요한 순간

우리는 아직 봄이 오지 않는 거친 들판을 돌면서

얼어있던 땅과 움터 나오려는 뿌리들의

마찰을 바라보며 기다린다

농부가 튼튼한 종자를 가지고 나올 때까지

기다리는 땅의 분투를 한 바퀴 돌고 나서

언제 다가올지 모르는 파멸과 종말을

예견하는 손가락을 바라보다 하늘을 쳐다본다

가만히 엎드려있지만 언제 일어날지 모르는 침묵의 발작,
그것이 무엇이든 받아들여야 할 시간이면 한숨이 나온다
어떤 이들은 습관과 반복처럼 서로를 비난하며
신념과 노선을 바꾸고 논쟁을 이어가지만
달라진 것은 없다 누구의 말처럼
달라질 수 없는 것은 달라질 수 없는 까닭이 있다
아무도 예견할 수 없는 미래 위에 아이처럼 누워있다가
신문의 이면을 읽은 다음 좋아하지도
싫어하지도 않는 개그를 잠깐 본다
느껴지는 희열보다 더 크게 웃는다
번지지 않는 웃음 끝에 어떤 이들은
입술 꼬리를 올리는 성형을 한다
인형은 어디에도 있다
지금도 인형이 잘 팔리는지는 알 수 없다
시간은 어디로 가는지 자꾸만 들판을 향하고 있다
잘 말라있는 침묵처럼 들판은 비어있고
상상과 사유는 잘 자라나지 않는다

가난한 사람들은 믿을 수 없을 만큼 가난하고

부자들은 위대했다 두통을 몰래 앓으며

우리는 세계의 가난을 지도처럼 펼친다

이방의 도시들에 짐 하나씩을 풀며

거친 바람의 잔등에 오른다

어디도 쉬운 곳은 없다 해가 질 무렵이면

어디서든 한 통의 전화는 온다

그가 누구든 어디든 알고 싶지 않은

여기, 무너진 누군가에게

돌아갈 수 있다고 생각하는 것은

환상인지 모른다

오래 들었다

좁은 골목길에도
의심은 남아있다 의심이 남아있는
저녁 식탁의 모서리를 벗어나서 떠돌았다

노란 발목처럼 가느다랗게 불빛이 서있는 동안
돌아갈 곳을 생각하지 말자고
서로의 저녁을 깨물었다 비릿했다
지루하다와 비릿하다가 비슷했다

어디로 가야 할지 몰랐다

고양이 울음소리와 붙잡고 고민하던 세계가 비슷했다
아니 비슷한 것으로 착각하며 골목을 찾았다

골목이 깊어질수록
한 번도 침상을 떠나본 적 없는 기침 소리처럼
고양이가 울었다

오래된 울음소리였다

여름이었고
여행을 준비하는 사람들이 뱃길 앞에 늘어서있으며
자르지 않는 머리카락이
목덜미를 덮을 때까지 골목을 떠돌았다
어디로 가야 할지 몰랐다

시작과 끝이 같아야 하는지 달라야 하는지 모르는 채
떠났던 여행은 늘 같은 자리로 되돌아왔다
잘 말린 우울과 우연을

그리고 우리가 어쩌지 못하는 필연을
한곳으로 모으는 데 꽤 시간이 걸렸다

저녁을 준비했고 이별을 준비했다
어디로 가야 할지, 고양이가 울었다

오래된 울음소리였다 골목이
울음 끝의 저녁을 안았다

어떤 책의 구조

주인공은 집을 떠난 지 오래다. 그는 성일요일이 캄캄해지도록 걷는다. 골목의 창문을 쳐다보며 빈집에 오랫동안 걸려있는 커튼을 생각한다. 함성이 환청으로 쏟아지던 광장을, 미술관을, 색이 짓무른 오래된 건물들 사이를 헤매다 닳아진 구두 뒤축이 아프다. 좌절한 사랑의 뒤축으로 인파 속에 휩쓸린다. 아주 어둡지는 않아도 낮게 내려온 페루의 하늘이 흘러 다닌다. 그 또한 흘러 다닌다. 삶의 진창을 만나면 불안하게 내려앉았다가 다시 되돌아가는 새와 개의 차이를 생각한다. 새와 개의 차이가 또렷해지거나 희미해질 때면 노을 속에 잠긴 들판으로 달려간다. 열매가 스스로 부풀지 않는 들판은 황폐하다. 메마른 들판을 다녀온 날이면 그는 사나흘 내리 잠만 잔다. 잠이 깬 끝엔 줄담배를 피우다가 헐렁한 자아에 빠지기도 하지만 자폐로 치닫지는 않는다. 그런 그의 주관주의에서 비 맞은 저녁이 옥수수수염처럼 자라난다. 옥수수수염 냄새와 고향의 냄새를 잇고 나면 무엇인가 누군가에게 미안했고 자신에게는 아직 미안할 게 없는 그는

해가 사라질 때까지

죽은 사람에 숫자를 헤아리다
손을 씻고 밥을 먹는다
다시, 전염병이 돌아다닌다
입을 다물고 있는 동안
일부는 죽고 일부는 살아남는다
불쑥불쑥 벽돌 냄새가 나타나는 카페에 앉아
조금 더 어두워지기를 기다리고 있다
아무도 이 별 밖으로 나갈 수 없는 저녁
어둠 속에서 뒤로 걷는 연습을 한다
그림자가 밟히잖아요
아버지 왜 자꾸 뒤에 계세요
개가 붉은 치킨집과
시끄러운 호프집을 지나
어디로 가고 있다
흰 얼굴과 얼굴을 마주 보면
가까이에서 겨울이 오고 있다
겨울은 왜 이렇게 추워요

바다가 이렇게 멀고 추운 법法은 없었죠
왜 우리는 하고 싶은 말을 맘대로 할 수 없나요
일곱 시간 동안 어디를 갔는지 질문을 해도
나는 왜 아무 말도 하지 못할까
개별적으로는 어디를 가도
틈틈이 고지서가 날아왔다
우리는 손을 꼼꼼히 씻고
다시 밥을 먹는다

뒤에 올 일

이유 없이 창밖을 내다보는 계절

나무들 풀피리 분다

가지 끝에 버들잎, 나는 순한 동물

환한 잠의 모퉁이에서 일어나

희미한 꿈을 털어버리고 젖은 머리를 가볍게 말린다

강을 건너온 바람은 소리 없이 벽에 부딪친다

절망으로 낄낄거렸던 골목의 시절은 떠났다

헤어져 버린 어제와 다른 다짐이 필요하다

다른 제도가 필요하다 이미 오래된 고통들은

우리 곁에서 조용할 때가 있으며 시끄러울 때가 있다

살아있다는 증거품들 품속의 증거품들

아이들은 천사들을 보고 어른들은 미혹의 그림자를 본다

가만히 문을 열고 닫는 의심

마주 보다 일어나 떠나온 그때가 좋다

밝은 것 속에서도 어두운 것 속에서도

같은 법칙으로 끌려들어가는 이 공허, 이상하다

정말이지 알고 있는 나는 아무것도 없다

그런 내가 놀랍다 전에도 그랬다

시끄러운 땅, 쓸쓸한 땅, 매일 조금씩

쓸모없는 것을 지우면 저녁이 온다

생일이 온다 운명이 온다 아이들은

일기를 쓰고 난 후 몰래 감추고 잠을 잔다

늘 감춰지는 건 어른들의 세계일 것이다

모든 것이 가지런한 날 왜 이럴까

벌써 아침이다 여름이다 백발이다 후쿠시마다

모두들 잊으면 안 된다고 말한다 그리고 잊어버린다

아무 일도 없다 놀라운 반복이다

두 사람이 있어 하나는 왼쪽 하나는 오른쪽

점심을 먹다 말고 갑자기 피곤이 쏟아진다

까닭 없이 미래가 가까이 다가온다

우리는 다시 서로를 부른다

머리를 맞대며 점심을 먹는다

약속이니까 끝까지 먹는다

뚝배기 속에 둥둥 떠다니는 돼지의 귀를

기름과 함께 뜨겁게 삼키며 괜찮아괜찮아

우리는 순한 동물, 아무것도 모르고

우리를 다시 택하여주는 우리의 운명

뒤에 올 일을 알게 하지 마라

더 블루

검정 곁에
가만히 세워두면
푸른 불꽃으로 눈을 뜨지요
무언가를 봐야 하고 보는 것보다 더 빨리
누군가에게 쓰러져야 하는 나는
깊이 내려가다 돌아올 수 없었던 영혼의 비명으로부터
온 것인지 알 수 없지요
나는 돛대를 뒤흔들다 오기도 하지만
바다 밑에 가라앉은 소리들을 조용히 끌고 오기도 하지요
때때로 37.2도로 살아야 하는
열기와 냉기의 정점에 서있지요
파문 없이 전체 속의 일부가 되어야 하고
일부 속에서 전체로 스며들어야 하지요
칸딘스키처럼
쿨렁거리는 검푸른 파도처럼
존재를 흔들어 깨우는 또 다른 존재의 부딪힘을
때론 침묵으로 나타내야 하는

빛이지요
절벽이지요
지붕꼭대기지요
비등점이지요
빙점이지요
미친,
미치지 않으려는
고함이지요
나는 붐비는 수많은 발길들을
섬세히 그릴 수 없을지는 모르지요
누운 언덕 와자하게 서있는 나무들 위를 빙빙 도는
노란 태양은 그릴 수 없을지도 모르지요
아무도 모르게 손 내밀어
사물과 영혼을 가르고 태어나는 이끌림이지요
정수리 끝까지 밀고 올라가는 관념의 천정이지요
세상이 나를, 내가 세상을 바라보는
놓칠 수 없는 말이지요

아니, 자꾸 입에서 놓치는
서늘한 신비이지요

식탁의 주인

더 이상 그늘을 찾을 수 없는

밝고 환한 기념일에 기대어

어둠이 없는 것처럼

조금씩 웃다가

아파트로 돌아와

오래된 식탁의 체위 위에 동그랗게 엎드린다

유리병 속 바닥에 엎드린 오디처럼

흔하고 향기로운 빛의 층계, 나는 이전의 형질이 아니다

지금은 아무도 돌아오지 않는 너의 집에

없는 것처럼 앉아있다 나는

오디도 아니고

설탕도 아니다

제3부

남아있는 자들의 도시

낯선 것을 방어하는

당신의 완결된 태도에 아랑곳하지 않고

슬프게도 우리는 영혼을 위해 반짝인다

악랄한 바람, 두고 봐 누가 제풀에 꺾이나

남아있는 것은 없어, 수수한 시절은 떠났다

믿을 수 있는 것은 치명적으로 다가오는 순간뿐이다

위험했던 밤들, 스스로에게 취해 모험이 가득했던 밤들

두렵지 않았던 것은 아니다

어린 눈동자를 쫓아 질주하는 동물들처럼

바람과 정적 속에 몸을 숨겼다가

크고 낮은 환멸을 지나

추억을 밟고 올라섰을 때

시간의 정수리에서부터 흘러나오는

초조한 마음을 아무것도 아닌 것처럼 무너뜨리고

불빛 속으로 무리를 지어 흘러들어 가는 취기들아

밤이면 무수히 많은 벽과 벽을 등 뒤에 세워두고

숨어있는 우리의 빈곤 위에 가만히 엎드리자

엎드려서 바구니를 들고 내려오는

천사의 날개 소리에 귀 기울이자

어느 때에는 발목을 튼튼히 하여

사다리를 오르자 허공을 오르자

때에 따라 모습을 바꾸었던 자신의 얼굴을

생각하지 않고 잠든 날에는 내면의 일기란 없다

처음부터 모든 것이 나뉘어있지 않았다면

천사들과 대적하는 어둠을 향해

어린애가 아니라고 고함을 칠 수 있었다면

자유를 외쳤던 정신은 추락하지 않았을까

단 하나의 이상을 만들 골방, 형광등, 흩어진 책들,

쌓인 물컵들, 두 해가 지난 잡지들

그리고 갑자기 나타난 찬바람

꽃들이 사라져 가는 들녘은 텅 비고

대지를 어루만지던 농부들은 조용히 세상을 떠난다

전쟁과 지진, 폭풍 속으로 사라진 사람들

성취한 사람들 손에 붙들린 처녀들

짐승들은 크고 작은 이유로 이곳에 버려진 지

여러 해가 지났다 근원은 사라졌다

자의든 타의든 제발

자체발광 빛나봐

하늘로부터

어떻게 여기까지 와있는지
생각할 겨를도 없이 구름 한 조각이 떠오르는 것을
집요하게 바라보고 있다

아무렇지 않게
흔하디흔한
형상으로
떠오르는

저 어두운 구름 한 조각이면
도시를 덮을 수 있겠다 우산을 준비해야겠다
지층을 두드려 마른 샘을 불러 모아야겠다

됐다, 저 손바닥만 한 구름 한 조각이면
도시를 다 덮을 수 있겠다
예감을 설명할 수 있겠다
한동안 옥상 위에 서있었다

비가 내리기 시작한다

마녀에게 귀를 빌려준 맥베스

지금은 주저앉은 무덤 위에 하염없이 눈이 내리고 있다. 굴러떨어질 것 같은 언덕 위의 흙은 얼어 죽은 듯하다. 사방의 이슬을 삼키며 다가오는 뱀아, 눈을 뜰 꿈도 꾸지 마라. 대륙으로 뻗어가는 산맥이 꿈틀거리고 꽁꽁 언 달 속으로도 달 밖으로도 하얀 누이는 밤낮으로 팽창하고 무거운 구름은 달려간다. 홀연히 나타난 검은 새 떼들 집 없는 곳으로 날아가고, 잘 자란 침묵의 방향으로 올라가는 풀뿌리 하나가 어둠을 깨우리니, 꽃물 든 봄이 그렇게 오고 우리는 화관을 쓰리라. 부정한 것의 머리를 밟으며 한 사람 오리라.

오리는 꽥꽥 놀랄 것이고 공중의 새는 나는 것을 알지 못하고 날 것이다. 백합은 있는 힘을 다해 나팔을 분다. 공중에는 아침에 없던 노래가 울린다. 함구했던 이웃이 같이 노래하면 천지에 눈이 녹고 꽃은 피어 우리는 시집가고 장가가리니 꽃처럼 눈이 내린다. 바람을 칭칭 감고 있는 나무들 사이로 지상의 온갖 후회들이 하얗게 쌓인다. 스스로의 위엄을 거역할 수 없는 하늘은 가끔씩 땅 위에 벼락을 내린다. 나무는 옷을 벗고 까맣게 빛난다.

 몸을 배배 꼬며 이어지는 포도나무 덩굴의 여린 순을 헤치는 쥐새끼를 잡는 뱀아, 잠의 무덤에서 너의 후예들을 조정하는 뱀아, 칼은 빛나고 짧은 순간에 버려진 신념처럼 피라칸사스의 열매는 붉다. 오래 산 사람들은 포도밭에 기둥을 세우고 뻗어가는 열두 가지를 바로 세워 포도주를 숙성시켜 대지의 식탁을 차리듯 흰 옷을 입는다. 땅속의 풀뿌리들이 서서히 일어나 봄을 맞이하는 동안 뱀아, 눈뜨지 말라. 동지에는 팥죽을 끓여 문설주에 색을 물들이고 죽음에 목을 치리라. 하얀 숲이 내 잠을 흔든다.

오래 앉아있는 것이 정답이었다

좋아하는 것과

해야 하는 것 사이에서 우리는 문제를 풀었다

의자에 오래 앉아있는 것이 정답이었지만

집을 등지고 앉아 그림을 계속 그렸다

잘못 그려진 그림을 조금씩 수정하면서 투정을 부렸다

투정을 부리는 날 저녁에는 꾸던 꿈을

먹지로 만들어 휴지통에 버리고

말줄임표가 주르륵 흘러나오는

이상한 소설을 보다가 잠이 들었다

소설의 구조는 단순하고 단순한 구조에는

참을성이라곤 없는 언어들이

어른들은 알 수 없는

방식으로 번식했다

그 방식 속에는

언제나 사랑의 체제가 꿈틀거렸다

사랑에는 문제가 많았고

문제는 반복되었다

예감처럼 곧 흥미를 잃고
정답을 달달 외운 끝에
졸업이 왔다

착란

10월이다
잎이 무성한 목련나무에
계절의 차이를 잃은 꽃봉오리가
천천히 부풀어 오르는 것을 보고 있다
보다가 웃고 웃다가 근심하고 근심하다가
그 착란을 순순히 받아들이기로 한다
그때, 누구도 어쩌지 못하는
무료와 실의가 핸드폰 속에서 팡팡 터지고 있다
너는 게임도 사랑도 아닌 채 나를 바라보고 있다
침묵을 길게 빨아들이는 너의 담배연기 속으로
내리는 어둠을 바라보고 있다
목련은 시절을 이해하지 못하고 착란을 하지만
나는 형태도 없는 이 어둠을 읽으려 한다
나무 잎사귀들이 아토피를 앓고 있는 것처럼
가렵고 갈라지고 바스락거리는 동안
낮에 봤던 대다수의 건물들은
모서리와 모서리가 흐려져 갔지만 오래된 네모다

마지막까지 작은 불빛을 들고 있는 건물들 때문에
거리의 스산함까지 따뜻해지려고 하지만
너와 내가 이 시절을 읽으려고
어깨를 움츠리며 생을 소비하고 있는
이 난독의 쓸쓸함까지는 차마 어떻게 하지 못한다
무분별한 하트가 팡팡 터지는 시월이고
착란을 잉태하고도 그것을 모르는
목련나무 밑이다

지상의 나날

불멸은 유한하며 유한한 것은 불멸한다
살아있는 사람은 타인의 죽음을 살며
죽은 사람은 타인의 삶을 죽는다
―헤라클레이토스『단장(斷章)』

내가 홀로
따뜻한 밥을
먹고 있을 때
창유리에
얼굴을 드러내고
무엇과도 다른 것이 되어
아이들은 깊은 바다 속으로 사라져 버린다
도시는 소리를 높여 별들의 이름을 부르다가
느닷없이 울음을 터뜨리는 거인처럼 주저앉는다
수많은 의문들이 바다를 채우는 동안
아무것도 할 수 없었던 우리
우리는 정말 달라질 수 없는 거지

아니, 우리는 아직 우리를 이해하지 못하고 있어
차가운 팔과 다리처럼
파도만 돌아오고 있어
숫자만 돌아오고 있어
하나씩 하나씩
기어이

날아오르려던
나무의 발돋움
반짝임, 어디서나 똑같을 수는 없다
천천히 부드럽게 어지러운 물속을 가리키고 떠난
그들은 그들로 일부를 이룬다 봄날이다
하늘도 나무도 함께 푸르렀다 그뿐이다
다만 그뿐이었다고 믿고 싶지 않은 사람들이 모인다
주먹을 쥐고 죄 되지 않는 노래를 부른다
노래는 노래에 불과하지만
남아있는 자들의 날카로운 내면이 되어

햇빛 속으로 사라져 간다
분노도 장소도 사라져 갈까
두고 봐야지, 허기로 가득 찬 사람들 광장들 분수들
철길을 달구며 다가올 여름들 계단들
물속에서 재잘대는 자갈들 시간들
보이지 않게 살아나는 냉담한 기억들과 함께
세상은 또 능숙하게
무엇인가 잃어가며
이루어져 가고 있을 거야
멸하듯 태어나는 불빛을 넘고 난 후에야
앞으로 나아가는

도시의 밤들
딱딱한 길들
실패 밑에 숨어서
철저히 승리하고 싶은
치밀한 구상들

서로 손을 잡고

나와 다른 모든 것을 개조하고 싶어서

은밀히 서로를 핥아주는 사람들

여전히 그들과 접촉되지 않는

촛불, 다 자라지 못하고

훅 꺼져버린 꽃들

그 나라에 가서는

혼자일지도 혼자일 수도 없는

맑은 날 슬픈 날

묘지는 묘지들로 일부를 이루었다

우리와 무관한

묘지는 없다

어쩌다 우리는

오류에 이끌려

너무 많은 묘지를 만들고

산 자가 되었다

물 속에 숨어있는 파도

바다에 서면

갈매기는 물 밖의 불안을 운다
너는 끝내 덜어내지 못한
아이들을 이야기한다

우리는 아무렇지 않게 먹고
아무렇지 않게 옷을 껴입는다

어떻게 해야 하냐고

또 누가 두 손을 들고 앞에 서있는 것처럼
파도는 합창도 하고 구호도 외친다

물속에 봄날이 숨어있다는 상상을 하면
간절히 원하는 것은 부재가 아닌 부재의 흔적이다

모국어로 사용법이 새겨진 클렌징 폼으로
이 시대를 깨끗이 목욕시킬 수만 있다면
밤의 바다와 같이 꿈꿀 수만 있다면

너는 바다의 속사정을 말하고
나는 물속에 숨어있는
아이들을 말한다

싸르륵싸르륵
모래가 운다

years

기울어지는 붉은 해를 붙잡고 엎드려 그를 기다려요
허공을 떠돌다 내게로 와있는 그 흔한 말들을 끌어안고
기다림은 기척을 내지 않아요
몇 달이 몇 년이 흔들릴지 몰라요
붉은색이라도 힘껏 끌어안고 있다 보면
견딜 수 없는 것들이 나를 비껴가든지
내가 견딜 수 없는 것들을 비껴가든지

가지들은 쭉쭉 뻗으며 검은 잎들은 투명해지고 말 거예요

숨도 멈춘 나를 건드리는 공기들이 무거워요
잠을 자도 더 이상 손가락이 자라나지 않는 밤들을
거느리고 무수히 많은 짐승들이 와요
가시 많은 몸으로 오다
등 뒤에서 멈춘 목소리
무성하게 자라나는 동안

꽃은 피고 말 거예요

밤길을 흔드는 영혼을 느끼는 동안
더 붉게 꽃은 피고 말 거예요
오래 머물러 붉어진 그 자리에 무릎 꿇고 얼마간만 있어 봐요
저수지 물이 마르고
기억이 기억을 먹다 치쳐 등 굽은 채 나타나면
희미해지기만 할 뿐 아주 사라지지 않는 그가
이마에 깃들어 내 새벽을 갉아먹는 동안
온 생을 다해 한 걸음 옮길 거예요

뚝, 동백꽃 지고 말 거예요

반복

며칠 동안

숨을 죽이고 했던 말을 다시 한다.

했던 말이 다 나쁜 건 아니다

일부러 하지 않은 말이 더 나쁘다

믿음이 문제다 멈추면 안 되는 것이 있다

그것을 우리는 알려고 하지 않았다

알려고 하는 순간

밤이 전쟁이라는 것을 알았다

멀리서 소문이 들리고

봄날이 가라앉았다

실수도 아니고 진실도 아니다

아니, 그러니까 우리는

자꾸만 했던 짓을

또 하고 또 운다

수레와 지붕

외부와
대결하는 밤의 내면으로
더 이상 아무도 돌아오지 않는 날의 공기처럼
골목의 낮은 지붕들은 닳고 닳은 우수가 되었다
나누어진 두 세계의 한쪽이 되었다
오래 연결된 공간들 이웃들
담의 침묵들 속에서 갑자기 나타난 추억은
어떤 것도 되돌리지 못한다는 이야기를 빼고 난 후에도
다시 추억을 짚는다
풀과 같이 흔들리며 나무들이 키를 높이는 밤
인생들의 혼은 위로 올라가고 짐승의 혼은
아래로 곧 땅으로 내려가는 줄을 누가 알랴*
노인들은 조금씩 늘어나고 때때로 무리 지어 앉아
틀니와 관절을 그리고 잠이 오지 않는 밤을 두런거린다
길의 끝에 다다른 이야기들이 갈갈거리다 사라질 때까지
설명되지 않는 생의 굽이가 서늘해질 때까지
노인들은 집으로 돌아가지 않는다

얼굴을 보지 못한 채 우리도
우리에게 돌아올 약속을 만들지 않는다

그러므로

이별이 없는 한낮은 따뜻하고
밤이 되면 뿌리들은 독감에 걸리거나
지하의 계절로 이동하고 있을 것이다
우리는 북쪽도 남쪽도 아니며
상류도 하류도 아닌 채 흘러가는 무리들 속에서
눈빛을 주고받지만
진실은 아무것도 아닌 것이 되어가고 있다
행선지를 알 수 없는 기차표를 들고
두려워하지도 않으며
비밀에 떨지도 않는다
거짓과 두려움에 쌓인 채
나란히 두 손을 잡고 서로를 향해 소리를 높이다가

다시 낮아지고 기울어지는 세계는 늘 시끄럽다
손을 넣으면 그곳은 텅 비어있다
아무 일도 없다
뉴스는 뉴스를 위해 있고
상부는 상부를 향해있다
탁자 앞에 다시 모인 우리는 남남이다
어디에서도 남남이라는 이름을 가지고 있으며
궁극적으로도 남남이다
서로의 상처를 알고 있는 우리는
우리에게 싸늘했다가 친절했으며
때에 따라 필요한 만큼
서로에게 가까운 무엇이 되었다

어디로 가야 할지

드물게는 칩거하고
밤에는 하늘을 길게 쳐다본다

어린이도 젊은이도 노인도
줄을 지어 나타나는 새처럼 이곳을 다녀간다
다녀간다는 말 외에
애써 다 말할 필요 없이 떠올리는 웃음, 영혼,
졸음의 틈바구니에서
냉정과 불빛 사이를 오고 간다
겉으로는 아름답지만
청춘은 와글거리지만
깊게 넓게 조용히 사라지는 반성과 회한
우리는 멀어지지도 만나지도 않는다
수레를 밀고 들어와 붕어빵을 처음 굽는 아주머니는
고개를 들고 손님을 쳐다보지 못한다
시작은 그렇다 부끄럽게 소심하게
자신의 발등을 쳐다보며 걷는다
단단한 자신의 문제를 돌고 있다
밤 열 시에서 열한 시로 가는 길목의 정점에서
박꽃처럼 하얀 이웃을 만나 화들짝 놀란다

뒤집어보면 또 다르고 다른 이야기 끝에
마침내 전달되는 심연의 환부들
점점 멀어지고 사라져
더 이상 아무것도 보이지 않을 때에도
우리는 어떤 규칙처럼 앞으로 나아가지만
기꺼이 나아가지만
삶의 내벽에서 자라나는 모든 예언과 환상처럼
지상의 좁은 골목으로 다시 돌아오곤 한다
늦도록 문을 닫지 않고 있는 보랏빛 지붕들이
나날 위에 손을 얹고 있다
추위와 기다림
그리고 휴식과 기대
밖에 나와 있는 모든 것들의
연결, 경련
하얗다
두 손

---

*『성경』전도서 3장.

제4부

백색의 얼굴

자의식과 자의식이
비슷해져 가고 있다고 생각하는
순간, 너의 키가 나를 훌쩍 넘어버리자
내 목소리의 색깔이 변하였다

듣고 싶지 않다고
늘 손에서 빠져나가던 그 아이 머리맡에
물방울처럼 달이 내려온다

터지지 않고 공중에 머물다
블라우스 속으로 몰래 들어와
하얗게 익는다

엘리펀트 송*

　이곳도 다른 곳과 다르지 않아요. 고통에 익숙해져 가는 것이 가장 고통스럽죠. 그럴 때면 코끼리를 만져요. 코끼리의 코를 쓰다듬어요. 기억을 쓰다듬어요. 내가 이곳에 온 지 벌써 이십 년이 흘렀어요. 내 말은 사실이 아니에요. 사실이 아닌 세계만이 내게 위안이 되죠. 왜 자꾸만 코끼리가 나타나는지 모르겠어요. 그래요 엄마가 있었어요. 엄마의 치마를 만졌어요. 엄마는 없었어요. 치마만 있었죠. 사실은 내가 이곳에 온 지 오 년이에요. 오 년! 그것이 뭐 그렇게 중요하겠어요. 초콜릿이 필요할 뿐 나는 이곳이 아닌 곳은 알지 못해요. 맞아요. 내게도 아빠가 있었어요. 광활한 초원이에요. 뿌연 연기가 피어오르는 길을 달리고 있었어요. 나는 노련해요. 나에게 속지 마세요. 나도 내 말에 속을 때면 초원을 달려요. 달려가다 보면 그곳에 아버지가 있어요. 아버지가 있었던 것 같아요. 아버지보다 더 크고 순한 코끼리를 만져요. 만지다 보면 나의 그곳이 커져요. 코끼리가 울어요. 코끼리의 눈을 보고 말았어요. 믿지 마세요. 내 눈 속에 있는 코끼리를 바라보지 마세요. 서랍 속에 있는 내 기록을 만지지 마세요. 코끼리가 위험해요. 아버지를 믿으면 안 돼요. 나를 믿지 마세요. 초콜릿이 필요해요. 나는 노력해요. 너무 노력해서 가끔 화장실에 가서 아무도 몰래 울어요. 물론 간호사가 밖에서 나를 기다리고 있지만 나는 노력해요. 눈물을 들키지 않아요. 코끼리를 가져와요. 내 코끼리에 손대지 마세요. 아버지가 저기 있어요. 아버지가 총을 들고 있어요. 코끼리가 쓰러졌어요. 그래요 엄마가 나를 초원에 보냈어요. 아버지에게 보냈죠. 맙소사 초콜릿을 너무 많이 먹었어요. 간호사, 간호사, 내가 숨을 쉬지 않아요...

---

* 찰스 비나메 감독의 영화 (2014년 개봉).

다른 입장에 대해 나의 입장을 정리하다가

꽃의 입구
사소해질 수 있다
불온해질 수 있다
동학혁명을 소재로 한 유현종의 소설 '들불'을
아주 가끔씩 생각하는 동안 선거가 있었다

선거가 이루어진 날 베개도 없이 긴 잠을 자고 일어났다
나는 적의 정적 미국산 아몬드를 씹으며 신문을 본다
대체적으로 나와 같은 생각을 하는 사람들이
쓴 글을 읽다 보면 누군가의 반대쪽에 있다는 사실에
나는 간결해진다 다른 입장에 대해
나의 입장을 정리하다가

보이지 않는 입장까지
구석구석 살피다가
줄지어 가는 개미들을 본다
가만히 앞을 가로막아본다

다시 길을 터준다

아무것도 모르고
들끓었던 그늘 속으로
자유를 끌고 간다

저절로 끌려들어 가는
질서로부터

누군가
현관 벨을 길게 누른다

귀를 닫고 거울 속을 천천히 자세히 본다
밖은 더 격렬해진다
네가 나를 순순히 지나간 후에도
피로는 사라지지 않는다

벽과 벽 사이에
숨죽이고 앉아
겉 다르고 속 다른
사과 한 개를 천천히 발가벗긴다

사과를 먹는 날부터 자꾸 거울을 본다
선악은 너무 쉽다
낮은 너무 시끄럽다
달은 소리 없이 멀다
화장실로 가서 시집을 읽는다
손을 씻고 나머지 절반의 시집을 읽는다
읽을수록 읽고 싶지 않는

봄날은 노랗다
그럴 수밖에 없다
카페에 앉아있다
식당으로 간다

이럴 수밖에 없다

이럴 수밖에 없다

내 말과 너의 말

내 말을
너의 말과 나란히 하여
매일 늘어진 옆구리를 부비는 그때는 앞이 보이지 않았다
기질대로 유곽을 돌다 돌아올 수 있다는 것이
지극히 개인적인 일이지만
대전의 폐허처럼 부서지는 일이지만
광야를 향해 다시 나아가야 하는 일이지만
집으로 돌아온다는 것은
전갈을 피하는 일이고
고독을 회피하는 일이다
차마 들여다볼 수 없는 나의 정체
설명할 수 없어 설명할 수 없어
눈을 감았다 뜨는 흰 별들의 밤
아비의 집을 떠나 노새처럼 걷는 밤
생각보다 많은 불빛과 불빛 속의 사람들
크고 아련하여 자꾸 뒤돌아보면
전쟁은 끊어지지 않는다

성 밖에 피할 수 없는 바람이 있다
어디에서든 무엇에든 흔들릴 수 있는
살과 살이 몰래 만나 서로 기대어 조금 움직이고
힘과 힘이 조용히 만나 땅의 침노를 멈추지 않는 밤
세 모녀가 밀폐된 방에 번개탄을 피우는
서울의 밤 송파의 밤, 젊은 부부는
아이를 낳지 않기 위한 합의에 도달한다
계약에 익숙해지고 조약에 익숙해지고
아무것도 구원할 수 없는 세계의 얼굴은 위압적이고
우리는 매일 놀라서 달려야 하고
네 아비의 아비의 죄악을 떠나
잠는 흰 이마를 삼깐 만시다 날나
매일 달려야 하고 달려도 달라지지 않는
내 말과 너의 말을 섞어야 하고
나쁜 말을 걸러내고
나쁜 피를 찾아
부르짖어야 하고

오십이 킬로그램의 허기

봄이었을까

검은 머리 흰머리, 가볍게 자란 파란 잔디

마른 땅에 고인 물웅덩이를 보면

시멘트 바닥에는 먼지가 일어났을까

길거리에 나뒹굴던 자명한 패배를 툭툭 차며 걸었을까

꺾어진 길모퉁이서 심연을 건드리는 음악이 흘렀을까

빵 굽는 냄새와 음악이 섞였을까

아니야, 빵 굽는 냄새는 없었어

다만 나른한 허기가 피어올랐어

거리에서 전단지 한 장을 받았어

전단지를 밟았어 또 받았어

내 안의 허기가 좋았어

빵 굽는 냄새와 상관없는 그 허기가

그냥 좋았어

오십이 킬로그램의 몸무게에

드디어 위염이 나타나기 시작했고

스트레스를 스스로 만들다 지치면
수상쩍은 희망에 이스트 넣고 부풀리는 여기,
뜨거웠다가 차가워지는 열망이 구두끈처럼 풀어지는
여기, 전단지 한 장을 밟았어 계단을 밟았어

얼마나 걸었을까
채워진 목 단추처럼 창문들은 닫혀있을까
나무 안에서 번져 나온 잎들이
비상구를 찾는 불길 같다고 생각하는 순간
쇼윈도에 무수히 걸린 욕망을 밟기도 하고
삼키기도 했을까
꼬리 휘게 달려오는 오도바이 배달맨과 마주치면
생의 바닥을 꼭꼭 디뎠을까
아찔하게
부드럽게
단단하게

보이지 않을 때까지

더웠던 여름,
다시 돌아오고야 마는 깊은 밤 허리에서
받침이 떨어져 나간 네 이름을 주워 바다에 던지면
떼 지어 날던 갈매기들이 부끄럼 없이 달려들었다
아무것도 가지고 있지 않은 내가
너에게 끝없이 상냥하였던
그해 여름
우리는

두 손을 활짝 폈다
손 안에는 아무것도 없었다 여름이 어지러웠을 뿐
검은 유혹과 건물들이 가득 찬 거리를 바라보며
흰 비누 거품을 만들어 내 얼굴을 문지르다가
불현듯 집을 떠나기로 했다

우리가 원하는 것은 단순한 여름이었다

사람들은 바다를 미친 듯이 찾았다
어디를 가도 갸글갸글 입 속의 냄새가 꽃을 피웠다
지독했다 더위와 함께 미쳐가는 것 같았다
어디를 가도 입장료는 필수였다
입장료 없는 일요일은 불가능했다

노래를 부르기도 어설픈 나이였고
사이다를 마시며 갈증을 해소하기도 어설픈 나이였다
표정도 없었고 소원도 없었다
단지 너를 배반할 수 있는 나를 원했다

밖이 보이지 않아도 좋았고
네가 다 보이지 않아도 좋았다
사방에서 목청을 높이는 여름이었다
신발을 벗어들고 들판을 가로질러도, 생은
우리를 향해 나쁘지 않게 낄낄거렸을 뿐

우리는 지문처럼 어지러운

시장 골목길에 고여있는 한 줌 어둠이어도 나쁘지 않았다

크게 흔들리지 않았다 강을 건넜고 가을을 건넜다 너는 아무것도 없는 나 하나를 버리지 못했다

살 오른 갈매기들이 떼 지어 나타나 먹이를 사냥하여 도망가는 작은 바닷가 허름한 식당 구석에서 세균이 득실거리는 물수건으로 손을 닦고 희미하게 흰 밥을 먹었다 방향도 없었고 하고 싶은 말도 없었다 아무것도 없이 남쪽으로 흘러갔다 아니 북쪽이었는지도 몰라 날짜를 골랐다 동그라미를 쳤다 동그라미가 깨졌다

그렇게 쏟아지던 우리 사이

흐르는 구름, 바람

손 흔드는

기쁜 소식

밤낮 게임에만 집중하다가
군대에 간 여린 조카가 걱정이다

넓고 넓은 바다도 지정학적으로 걱정이다

지도자들은 언제 깜짝 놀랄까
쓸데없는 생각과 함께 가끔씩 햄버거가 먹고 싶은 건
나도 어쩔 수 없는 곳으로 기울어져 간다는 것일까

햄버거는 왜 이렇게 입을 크게 벌리고 있는 것일까
입과 입을 맞부딪치면 누군가는
섬뎡낭한다고 생각해야 하는 설사
말도 안 되는 오후,

다리가 긴 가로수 사이로 아이들이 지나간다

편의점의 삼각 김밥과 햄버거와 콜라에 속해가는

아이들의 식성, 잘못했어요 엄마가 잘못했어요
다가오고 있는 가을이 아토피처럼 가려워,
엄마가 잘못했다

푸른 하늘을
꼭꼭 씹어 입에 넣어주지 못한 엄마가
자연은 파악하지 못하고 늘 인사만 했다

아침저녁으로 잘 자라 잘 자라 푸성귀들은
비닐하우스 안에서 무럭무럭 자라고
아이들은 가렵다

밤낮, 가렵다
이제 누구도 용감하게 행동하라고 하지 않는다
강이 울고 우리는 과감하지 못하다

아이들은 문제만 풀고 어른들은 집에 없다

아무도 없다

우리는 어디에서나 총총 사라진다
사라져도 걱정하지 않는다 군에 간 조카에게
방금 소식이 왔다

군대에 와서
하늘에 별이 이렇게 많은지
처음 알았다는 기쁜
소식이 왔다

보이지 않는 눈

어디에도 숨을 곳은 없었다. 피로로 만삭이 된 얼굴을 가만히 돌리면 밖이 훤히 보이는 유리창이 내가 없는 것처럼 나에게 묻는다. 어디를 가려느냐, 아니요, 가긴 어딜 가요 나는 자발적으로 책상 앞에 앉아있는걸요. 상념과 정념의 세계에 빠져 아무 데도 갈 수 없는걸요. 택배가 도착한다는 메시지가 자꾸만 와서 아무 데도 갈 수 없는걸요. 멀리서 오는

택배를 기다리고 있다. 봄을 기다리고 있다. 보암직도 하고 먹음직도 한 사과를 작년에 주문했다. 아무도 보고 있지 않은 동산에서 절로 자란 붉은 사과를 주문했다. 사과는 사과에 매달려있다. 사과는 동산을 가로질러가는 벌거벗은 여자를 유혹했다. 분홍색 리본으로 장식된 금빛 사과에 여자의 눈이 멀었다. 택배를 기다리고 있다. 활짝 편 숲의 손을 기억하는 상자를 기다리는 동안 작년에 도착한 사과의 붉은 입술은 달콤했다.

누가 뭐래도 사과의 시작은 달콤했다. 스스로 잠에서 깨

어난 화살이 어디로 갈지 모르는 자신의 운명을 깨뜨렸다. 여자의 왼쪽 가슴 같은 꽃병 속에서 흙을 먹고 배로 기어가는 언어가 태어났다. 불의 혀가 태어났다. 인류가 태어났다. 불그스름한 아이가 태어났다. 아이의 아이가 뛰노는 동안 총성에 의해 인류의 하체가 젖었다. 잘 가꾸어진 정원의 장미는 웃었다. 불필요한 노을이 하늘에 낭자하다. 숲은 손목을 긋듯 나무를 쓰러뜨리고 겁 많은 검은 눈의 노루를 쫓았다. 노루를 정조준했다. 비명 소리는 들리지 않았다.

시와 산문, 높은 곳과 낮은 곳이 비명 소리를 외면했다. 먼 곳에 있는 사람도 가까운 곳에 있는 사람도 외면했다. 오백 년 된 느릅나무의 기억에 의하면 늘 그래왔다. 비밀과 음모는 오래되었으며 구겨졌다. 그럼에도 불구하고 지속되었다.

밤의 체제

일이 다 끝나고 난 후다. 속수무책이다. 어떤 것은 침묵으로 일관했다. 일부는 주저앉았으며 일부는 손을 들고 환영했다. 마지막 남은 것은 이름도 없고 볼품도 없다. 소리만 남았다. 똑같은 소리끼리 앉아있다. 아무런 저항도 받지 않고 소리칠 수 있는 것은 내면뿐이다. 영혼뿐이다. 대안이 없다. 북쪽만 앙상하게 남을 때면 주체는 주체를 감당하지 못한다. 동료에게 미안하다. 이 순간, 할 수 있는 것이라곤 없다. 그래서 가족에게 미안하다. 가족에게 할 말이 준비되지 않았다. 아무것도 보이지 않는다. 보이지 않았던 것이 보이는 밤이다. 우리는 결국 해산을 결심했다. 해산을 감당하지 못하고 집으로 돌아왔다. 다시 밤이다. 밤이여 오라,

기대와 조금 다를지라도 모두가 예측했던 그 길로 오시라. 틀림없이 그 길로 오시라. 불안이 바이러스처럼 번지고 청춘이 피로에 물들어가는 그 길로, 믿을 수도 믿지 않을 수도 없는 스캔들로 오시라. 보일 듯 보이지 않는 맨 얼굴을 감추고 얇고 부드러운 미소를 쓰고 천천히 오시는 동안 보고

싶은 것만 보고 오시라. 아니 볼 수 있는 것만 보고 오시라. 참혹하게 떨어졌던 꽃들을 즈려밟고 오시는 동안

 굴뚝이나 크레인 위에서 누군가 울부짖거든 부디 귀를 꼼꼼히 막으시고 그러한 생을 괘념치 마시고 오시라. 이생이 다 하도록 산다는 것, 살아야 한다는 것에 지친 자신을 스스로 태워 다른 별로 가버리는 슬픈 이야기에 휘말리지 말고 오시라.

 오시는 동안 빛나고 차가운 짐승의 눈이라도 마주치는 순간, 한 번도 생각해보지 못한 시기가 지나가고 있다고 생각하시라. 늘 이런 식으로 지나가고 있다는 것, 다 지나가고 말 것이라는 것, 수첩에 적힌 모든 이름들도 문제도 지나갈 것이다. 사라져 버릴 것이다. 봄날도 갑자기 사라져 버렸잖아요. 걱정하지 마시고 습관적으로 위만 보고 오시라. 왼쪽도 오른쪽도 위도 아래도 시기를 감당하지 못하면 큰 무리의 손에 넘어갈 내재율이 있다는 것 잊지 마시고 오시라. 불쑥 비는 내리고 벌써 밤이 되었다. 언 땅 천천히 밟고 오시라.

얼음들

이제 더는

엉클어진 덤불 속에서도 살 수 없어

가던 길 멈추지 않으면 안 되는

얼음꽃을 찾고 있다

흔들리며 꺾어지고, 꺾어지다

하얗게 몸 비워버린 물억새 뿌리로

깊게 타 내려가는 얼음꽃을

맨발의 누가 찾고 있다

미끄러운 바위틈을 찾아들거나

멀리 은밀한 숲 속 마른 가지들 어디에서

제멋대로 피어, 다시

겹겹의 땅속으로 걸어가는 얼음꽃을

짓누르는 생각으로 밤을 새운

누가 찾고 있다

누가 오고 있는가

구름이 흐리게 우는 저녁

틀린 것과 아픈 것 사이
어느 한쪽이라도 내 편이 되어 살겠다 하면
나와 살림을 차리자, 처음부터 나는 아무것도 없었으며
바라는 것이 무엇인지도 몰랐다는 말을
너에게 할지도 모르지만

희미한 것과 굵은 목소리를 다 잊었다 하고
펼쳐진 언덕에 우슬초나 심어
부정한 것을 쓰다듬어 침상을 새로 고치겠다
그 밤의 서리로 어린 풀들이 하얗게 변하겠다
바람이 나무 밑에 쌓이겠다

가지에 매달린 마른 잎사귀들이
높은 데서 어지러운 데서 언제 떨어지나, 손이 하얗다

크고 작은 별들을 포구해
아직도 버리지 못하고 있는 시간에 대해
아프지 말자 전쟁에 함락되고야 만 누이여 누이여

고개를 숙인
푸른 밤의 흰 풀과 함께
조용히 강만 따라가자 겨울이 길어졌다
물 위로 흘러가는 천둥오리여

강의 노래에 고요히 끌려들어 가는 언덕 위의 나무여
곶의 가장자리에 부유하는 쓰레기여
엷어진 식욕이여

보이지 않아서
보이는 또 다른
세계의 뱀이여

모든 질서를 다 잊었다 하고
내가 부르는 대로 내게로 오는 물결 위의
날이여 하늘이여

소리여 소리여 갈대 우는 소리여, 누가
약탈되어 우리 가운데서 나누어져 흘러가는가

하얗게 말라가는 풀들이여 잎사귀여 숲이여
우슬초를 말려 발이 갈라진 동물들과
비늘이 없는 물고기들을 얹어 태우는 의식의 강물이여
가까이서 누가 오고 있는가

해설·시인의 말

해설

토비아의 시대는 어디로 갔는가

고봉준 문학평론가

> 신은 매 순간 셀 수 없는 새로운 천사들을 만들어낸다.
> 그들은 무(無)로 돌아가기 전에 신의 옥좌 앞에서
> 한순간 신을 찬송하도록 운명지워져 있다.
> ―발터 벤야민

1

이것은 '도시', 천사가 떠난 세속 도시에 관한 이야기이다. 현대적 문명이 제공하는 편리함과 풍요로움이 넘치는, 하지만 그 과잉의 대가로 인간들 사이의 모든 관계가 끊어진, 그리하여 물질적 풍요와 심리적 빈곤의 공존이 중력법칙이 되어버린 세계. 우리가 일상을 영위하고 있는 도시, 특정한 고유명사를 발음하지 않아도 쉽게 상상할 수 있는 보통명

사로서의 현대적 도시 말이다. 이재연의 시에서 이곳은 희망과 구원의 대(大)천사 가브리엘이 떠나버린 불모의 세계로 그려진다. 이곳의 시계(時計)는 정확히 "불편한 죽음들이 쌓이는" "병든 시절"(「다른 입장에 대해 나의 입장을 정리하다가」)을 가리키고 있다. 천사(天使)가 상징하는 신성한 질서와의 연결고리가 끊어진 세계, 이곳의 거주자들은 모두 심각한 내상(內傷)을 간직하고 살아간다. 철학자들의 주장처럼 '세계'가 객관적인 공간이나 인식대상이 아니라 인간의 자기정립을 가능하게 하는 지점이라면, 그리하여 인간은 그곳에서만 '세계'를 경험할 수 있다면, 불모와 폐허의 도시는 이곳의 거주자들에게 더 이상 '세계'로 경험되지 않는 비(非)세계일 수밖에 없다. 이재연의 시는 이 폐허의 비(非)세계에 바쳐진 비가(悲歌)이다.

> 움직일 수 없는 내게 바람은 어둠과 빛을 끌어다 주었다
> 때로 등을 태워 검어지기도 했고 목이 말라 창백해지기도 했다
> 아무하고도 말을 할 수 없을 때, 긴 가슴을 뚫고 오는
> 빗줄기로 먹고 살았다 아픔도, 더더구나 외로움 같은 건 나를 지나는
> 사람들 이야기로만 쓰여졌다 나는 몸을 문질렀다 캄캄한
> 어둠 속에서 숨소리도 없이 몸을 문질렀다 내 몸에 무늬가 생겼다
> 으깨진 시간의 무늬 사이로 숨이 나왔다
> —「돌에게 물을 준다」부분

이재연의 시는 특유의 종교적 지향과 도시의 불모성에 대한 부정적 인식의 중첩에서 발생하는 도시-세계에 대한 비판을 내장하고 있다. 내면에서 상연되는 심리적·감각적 드라마에 초점을 두는 최근의 시적 경향과 달리, 그녀의 시는 희망이 사라져 버린, 모든 관계를 단절시킴으

로써 우리에게 쓸쓸함을 강제하는 세계의 부조리를 향해 언어의 날을 세우고 있다. 하지만 그녀의 언어가 처음부터 외부 세계에 대한 지향을 뚜렷하게 보여준 것은 아니었던 듯하다. 전체 3연으로 구성된 이 시는 "돌에 물을 준다"라는 진술에서 시작해 "돌 속의 길이/나에게 물을 준다"라는 진술로 끝난다. 이 시의 핵심은 주체('나')와 대상('돌')의 관계에 있다. "이끼 품은 흙 한 덩이 옆으로 옮겨온 너를 볼 때마다(…중략…)내가 먼저 목말라/너에게 물을 준다"라는 진술에서 드러나듯이, 이 시에서 '돌'과 '나'는 주체와 대상의 관계가 아니다. 여기에서 '돌'은 시인-화자가 감정을 이입하는 대상, 그러므로 '나'의 분신이다. 그래서 화자는 '돌'을 목격했을 때 자신이 갈증을 느꼈던 것이다. 이 '갈증'의 원인에 대한 진술이 바로 2연이다. 2연에서 화자는 자신의 처지를 "나는 무겁고 바람은 또 쉽게 지나간다"라고 고백한다. '나'는 자신을 건드리고 지나가는 것들을 향해 손을 내밀 수도 없고, 움직일 수도 없다. 때로는 목이 말라 창백해지기도 하고, 대화할 상대가 없을 때에는 "가슴을 뚫고 오는/빗줄기"에 의지하기도 했다. '돌'에 물을 주는 것은 바로 이러한 자신에게 생명의 에너지를 흘려주는 것이었으니, 화자에게 그것은 '무늬'와 '숨' 같은 것이었던 듯하다. 이 시가 등단작이라는 사실에 주목하자. 이것은 '시' 또는 '발화'가 시인에게 무능력한 상태, 생(生)에 대한 의지가 고갈된 상태에서 주어진 빛의 일종이었음을 말해준다. 이재연의 근작들, 특히 시집의 도처에 흩뿌려져 있는 세계에 대한 관심이 증명하듯이 그녀의 시는 자기 구원에서 시작하여 불현듯 '세계'를 향해 확장된 듯하다.

2

이재연의 시에서 지금-이곳, 즉 세계는 '천사'가 부재하는 곳으로 그려진다. 신의 옥좌 앞에서 한순간 신을 찬송해야 하는 운명을 지닌 천사도 이곳에서는 '부재(不在)'와 '침묵' 가운데 하나를 선택해야 한다. 그녀의 시에서 천사는 이미―항상 '부재'와 '침묵'으로 등장해 우리가 살고 있는 이 세속도시가 실상 구원의 가능성을 잃어버린 폐허라는 쓰라린 진실을 고지(告知)한다. 이런 맥락에서 그녀의 시에 등장하는 '천사'를 종교적 기호나 알레고리로 읽어도 좋다. 하지만 이재연의 시가 지닌 강렬한 현실주의적 성격은 우리가 '천사'를 몰락을 향해 치닫고 있는 세속도시의 불모성을 환기시키는 폐허의 상징으로 읽도록 강요한다. 일찍이 발터 벤야민은 파울 클레의 〈새로운 천사〉를 원용하여 현대(modern)의 역설을 "천사는 머물고 싶고, 죽은 자들을 깨우고, 잔해들을 모아 엮고 싶다. 그러나 천국에서 불어오는 폭풍이 너무 강해서 그는 날개를 접지 못한다."라고 진단한 적이 있다. 벤야민의 '천사'가 역사가, 즉 '역사의 천사'라는 성격을 띤다면, 그리하여 역사의 파국의 예언한다면, 이재연의 '천사'는 "이제 아무도 바람과 싸우지 않는다"(「천사들의 침묵」), "더 나쁜 것은 믿음을 잃었다는 것이다"(「누군가에게 돌아갈 수 있다고 생각하는 것은 환상인지 모른다」)처럼 절망과 냉소가 지배하는 폐허의 세계를 증언하는 증인에 가깝다.

누가, 잡은 내 손을 놓았다. 봄은 짧고 빠르게 지나갔다. 꽃들은 이전과 달랐다. 꽃잎이 뚝뚝 떨어졌다. 모두가 바빴다. 바쁠수록 토비아의 시절은 사라져 갔다. 손을 주머니에 넣고 깨끗하게 약속을 버린다. 지켜질 수 없는 약속이 종이처럼 날린다. 흰 눈이 온다. 첫눈이라고 한다.

(중략)

첫눈이라고! 입 속으로 소리친다. 아이들이 사라졌다. 커튼을 내린다. 기다린다. 무엇인가 기다리지 않으면 안 되는 밤이다. 이것이 우리였다. 우리의 것이었다. 우리 언제부터 여기에 있었지? 우리를 기다리는 토비아의 시절은

―「토비아의 시절」부분

토비아(tobias)는 구약성서 외경 토비트서(Book of Tobit)에 등장하는 토비트(tobit)의 아들이다. 토비트는 평생 진리와 선행의 길을 걸은, 이스라엘이 멸망한 이후 니네베로 추방되었음에도 불구하고 끝까지 신앙심을 잃지 않은 인물이다. 하루는 그가 길을 가다가 뜨거운 참새의 똥을 눈에 맞아 시력을 잃어버리는 사건이 발생했다. 신앙심이 깊었던 토비트는 신에게 도움을 청했고, 신은 그의 기도에 응답하여 대천사 라파엘을 지상에 보내어 아들 토비아로 하여금 아버지의 시력을 회복하도록 만들었다. 릴케의 『두이노의 비가』 가운데 제2비가의 첫머리에 등장하는 질문 ― "토비아의 시대는 어디로 갔는가?" ― 은 구약성서 외경 '토비트서'에 등장하는 이 이야기를 배경으로 하고 있다. '토비아의 시절'이란 아들 토비아가 징제를 숨긴 천사 라파엘과 함께 여행한 시대, 그러니까 천사와 인간, 신과 인간의 소통이 가능했던 황금시대에 대한 강한 동경심을 담고 있다. 하지만 이재연의 시가 증언하는 것은 정확히 우리가 그 황금시대 이후, 즉 더 이상 신은 물론이고 천사와의 만남이 불가능한 시절을 살고 있다는 사실이다. 시인은 이 상징적 분리를 '이별'에

---

* 릴케의 「두이노의 비가」에서 인용.

비유한다.

"누가, 잡은 내 손을 놓았다"라는 진술은 상징적 분리를 의미한다. 이 근본적인 분리 이후 자연의 질서는 예전과 달라졌고, 사람들은 바빠졌다. 그들은 바쁘다는 이유로 약속을 저버렸고, 그리하여 '토비아의 시절'도 사라져 갔다. 그리고 '토비아의 시절' 이후에 '첫눈'이 내린다. 하지만 사람들은 그것에 많은 의미를 부여하지 않는다. 우리는 더 이상 '첫눈'에 가치를 부여하는 시대의 사람들이 아니고, '눈'을 신비로운 자연의 질서와 연결시켜 이해하는 존재는 더더욱 아니다. 창밖에는 첫눈이 내리지만 아이들은 '오락'에 열중하고 있다. 그들에게는 오래 쳐다볼 여유가 없다. 그런 사이에 '첫눈'이 그쳤다. 화자는 그것을 "잡은 손을 놓쳤다 따뜻하고 부드러운 손을 놓쳤다"라고 표현한다. 그럼에도 불구하고 화자에게 '밤'은 "무엇인가 기다리지 않으면 안 되는 밤"이다. 그녀는 '토비아의 시절'을 갈망하고 있는 듯하다.

> 말 한마디 없이
> 아버지는 오래전에 죽었다
> 죽어라고 독재를 반대하던 사람도 죽었다
> 가브리엘, 미카엘, 라파엘, 우리엘의 눈동자여
> 그대들이 본 것을 말해주시오
> 이제 아무도 바람과 싸우지 않는다
> 이제는 아무도 자신의 연애가
> 성공하리라고 생각하지 않는다
> 광장에도 맑은 오후에도
> 사람들이 말하기를 쉬운 일은 없다
>
> ―「천사들의 침묵」 부분

'토비아의 시절'이 지나가면 천사들이 '침묵'하는 시절이 온다. 시인은 그것을 거대한 침묵, 즉 "이제 아무도 바람과 싸우지 않는" 시간으로 묘사한다. 그것은 "아무도 자신의 연애가/성공하리라고 생각하지 않는" 시간이기도 하다. 이 도시의 사람들에게는 "두 손을 공처럼 동그랗게 모으는 습관"이 있다. "진짜 큰 도적들"과 "있는 자"가 당당하게 살고 있는 것과 달리 이들은 "알맞은 침묵, 알맞은 기억"에 만족하며 일상을 이어간다. "이제 누구도 용감하게 행동하라고 하지 않는다"(「기쁜 소식」) 지금 이 순간에도 "세 모녀가 밀폐된 방에 번개탄을 피우는/서울의 밤 송파의 밤, 젊은 부부는/아이를 낳지 않기 위한 합의에 도달한다/계약에 익숙해지고 조약에 익숙해지고//아무것도 구원할 수 없는 세계의 얼굴은 위압적"(「내 말과 너의 말」)으로 나타난다.

이재연의 시에서 천사의 '침묵'은 인간들 사이의 관계 단절로 이어진다. 천사가 '침묵'하는 도시에서 모든 인간은 본질적으로 고독하다. "아무도 돌아오지 않는 너의 집에/없는 것처럼 앉아있"(「식탁의 주인」)는 여성 화자, 엘리베이터에서 우연히 마주쳤으나 "손을 씻고 각자 흩어져 가는 우리"(「별별 무늬의 담요와 냄비」), "계단의 모서리처럼 예민해진 얼굴을 감추고 가족사진을 찍으며 비로소 가족을 이해하려고"(「다정의 세계」) 생각하는 가족들 등은 모두 고독한 도시적 인간형들이다. 시인은 "거리에서 처음 만난 사람들은 이름을 주고받고 헤어졌다가 다시 만나, 서로 다치지 않게 거래를 이어가기도 했다"(「쓸쓸함이 아직도 신비로웠다」)라는 진술을 통해 이러한 도시적 일상의 우울함을 '아파트'라는 주거형식의 문제와 연결시켜 드러낸다. 「쓸쓸함이 아직도 신비로웠다」의 도입부에 위치한 파라텍스트(para-text)에 따르면 아파트는 환상과 자폐에서 깨어날 때마다 태어난 것이고, 그곳 거주자들은 저녁이 되어 "사람에 그림자가 발등에 수북"이 떨어지면 자신의 내부에서 "쓸쓸함을 꺼

내 천천히 쓰다듬기 시작"한다. 결국 아파트는 도시적인 쓸쓸함의 주거 형식인지도 모른다. 시인에게 '세계'는

> 뉴스는 뉴스를 위해 있고
> 상부는 상부를 향해 있다
> 탁자 앞에 다시 모인 우리는 남남이다
> 어디에서도 남남이라는 이름을 가지고 있으며
> 궁극적으로도 남남이다
> 서로의 상처를 알고 있는 우리는
> 우리에게 싸늘했다가 친절했으며
> 때에 따라 필요한 만큼
> 서로에게 가까운 무엇이 되었다
> ―「수레와 지붕」 부분

처럼 서로가 서로를 읽지 못하는 "난독의 쓸쓸함"(『착란』)을 견디며 살아가는 곳, 그리하여 살아간다 또는 거주한다는 말보다는 "이곳을 다녀간다/다녀간다는 말 외에/애써 다 말할 필요"조차 없는 비(非)세계이다. 시인이 느끼는 내적 공허, 예컨대 "내 안의 허기"(「오십이 킬로그램의 허기」)는 이 세계 아닌 세계의 거주자들이 감당해야 할 운명인지도 모른다.

3

이 도시에서 사라진 것은 천사만이 아니다. 이재연의 시에서 도시적

삶의 비극성과 불모성은 모든 관계의 상실과 죽음, 특히 아이들의 죽음으로 구체화된다. 도시는 거대한 증발의 공간으로 경험된다. 사람들 사이의 관계가 사라진다. "어디로 가야 할지 몰랐다"(「오래 들었다」)처럼 생(生)의 방향이 사라진다. 10월에 "잎이 무성한 목련나무에/계절의 차이를 잃은 꽃봉오리"(「착란」)가 부풀어 오르는 것처럼 자연의 질서가 사라지고, 무엇보다도 인간적인 가치가 사라진다. 그리고 아이들이 사라진다. 이재연의 시편들 가운데에는 직·간접적으로 '세월호'를 다룬 작품들이 여럿 있다. 이 작품들 가운데 일부는 세월호 사건을 직접적인 모티프로 삼고 있고, 나머지 작품들은 우울과 허무가 중첩된 집단적 심리상태를 통해 간접적으로 그 비극성을 환기하고 있다. 사라지는 것과 사라지지 않는 것, 아니 사라졌음에도 불구하고 없는 것으로 간주할 수 없는 것에 대한 심리적 애착은 이재연의 시에서 도시적 삶의 우울함과 전망 부재의 부조리한 현실을 더욱 강화시켜주는 요소로 작용한다. "압사한 추억 끝에 여름이 서있다/모든 것이 사라졌다 다시 나타나면 원소가 될까 구석이 될까"(「별별 무늬의 담요와 냄비」)와 "이사를 해도 살던 동네는 떠나지 못했다"(「새와 공구와 스웨터」) 같은 진술은 얼마나 아름다운가.

아이들은 전사를 보고 어른들은 미혹의 그림자를 본다

가만히 문을 열고 닫는 의심

마주 보다 일어나 떠나온 그때가 좋다

밝은 것 속에서도 어두운 것 속에서도

같은 법칙으로 끌려들어가는 이 공허, 이상하다

정말이지 알고 있는 나는 아무것도 없다

그런 내가 놀랍다 전에도 그랬다

시끄러운 땅, 쓸쓸한 땅, 매일 조금씩

쓸모없는 것을 지우면 저녁이 온다

생일이 온다 운명이 온다 아이들은

일기를 쓰고 난 후 몰래 감추고 잠을 잔다

늘 감춰지는 건 어른들의 세계일 것이다

모든 것이 가지런한 날 왜 이럴까

―「뒤에 올 일」 부분

4월 16일 아침, 아이들이 깊은 바다 속으로 사라졌다. "내가 홀로/따뜻한 밥을/먹고 있을 때 (…중략…) 아이들은 깊은 바다 속으로 사라져 버린다"(「지상의 나날」) 아이들이 사라지자 "도시는 소리를 높여 별들의 이름을 부르다가/느닷없이 울음을 터뜨리는 거인처럼 주저앉는다"(「지상의 나날」) 사람들은 외치기 시작한다. "다른 제도가 필요하다"라고. 그리고 "잊으면 안 된다"라고. 하지만 시간이 지나면서 이 도시의 거주자들은, 우리는 "잊어버린다". 아무 일도 없었다는 듯이. 또한 "우리는 아무렇지 않게 먹고/아무렇지 않게 옷을 껴입는다"(「물속에 숨어있는 파도」) 이 "놀라운 반복"을 지켜보면서 시인은 묻는다. 왜, 어떻게 이런 일이 반복될 수 있느냐고. 우리는 쉽게 대답하지 못한다. 다만 모두가 모두에게 '남남'이라고 믿으며 살아가는 세계에서 우리의 일상은 타인의 불행과 죽음보다 선차적인 것으로 간주되기 마련이다. 아니, 그렇지 않다면 「누군가에게 돌아갈 수 있다고 생각하는 것은 환상인지 모른다」의 파라텍스트(para-text)에서 시인이 지적한 분석적 태도 때문인지도 모른다. "이제 우리는 분석의 대가가 되었다/어떠한 문제도 쉽게 해결해낼 수 없는, 다만 분석의 추종자들이 되었다 (…중략…) 더 나쁜 것은 믿음을 잃었다는 것이다" 시인의 진술은 "어디로든 움직이지 않"는 회의주의자를 겨냥하고 있다. 그들은 분석하되 움직일 수 없기에 어떤 문제도 해결할 수 없으며, "믿음을 잃었다"는 점에서 더욱 문제적이다. 그들은 "말을 위한 말의 종달새", "노련한 수완가"가 되었다는 것. 우리는 이러한 비판적 진술을 "믿음이 문제다. 멈추면 안 되는 것이 있다."(「반복」)라는 진술과 겹쳐 읽을 수도 있을 것이다. 우리는 정말 '마녀에게 귀를 빌려준 맥베스'의 후손들일까. 분명한 것은 그날 이후 우리에게 '바다'는 더 이상 동경의 대상이기를 멈추었다는 사실이다. "바다가 이렇게 멀고 추운 법(法)은 없었죠/왜 우리는 하고 싶은 말을 맘대로 할 수 없나요/일곱 시간 동안 어디를 갔는지 질문을 해도/나는 왜 아무 말도 하지 못할까"(「해가 사라질 때까지」)

    밤이면 무수히 많은 벽과 벽을 등 뒤에 세워두고
    숨어 있는 우리의 빈곤 위에 가만히 엎드리자
    엎드려서 바구니를 들고 내려오는

> 천사의 날개 소리에 귀 기울이자
>
> 어느 때에는 발목을 튼튼히 하여
>
> 사다리를 오르자 허공을 오르자
>
> 때에 따라 모습을 바꾸었던 자신의 얼굴을
>
> 생각하지 않고 잠든 날에는 내면의 일기란 없다
>
> ―「남아있는 자들의 도시」부분

"수수한 시절"은 끝났다. 남은 것은 없다. 지금 이곳에는 "치명적인 것"으로 다가오는 위기의 순간만이 존재한다. 꽃들은 사라져 들녘은 텅 비었고, 대지에 뿌리내리고 살던 농부들도 모두 떠났다. 그렇다면 '남아있는 자들의 도시'는 거대한 폐허로 변해버린 세계에 대한 묵시록적인 비전일까? 이 시에서 우리의 시선을 끌어당기는 것은 빈곤한 밤의 어둠을 배경으로 엎드려 "천사의 날개 소리에 귀 기울이자"라는, 때로는 튼튼한 발목으로 "사다리를 오르자 허공을 오르자"라는 화자의 절박한 호소이다. 물론 이 호소가 '빛'에 대한 낙관주의를 의미하는 것은 아니다. "근원은 사라졌다"라는 뼈아픈 진단은 이 도시가 '천사'의 세계로부터 얼마나 멀리 떨어져 있는가를 증언하고 있다. 그럼에도 불구하고 이재연의 시는 "기울어지는 붉은 해를 붙잡고 엎드려 그를 기다려요"(「years」)처럼 수직적 관계, 곧 구원에의 가능성을 완전히 포기하지 않는다. 이 '구원'을 종교적인 맥락에서 해석해야 하는지는 부차적인 문제이다. 이는 "단테는 영혼을 만나고 싶어 했다/두 팔을 활짝 펴서 누군가를 만나고 싶어 했다"(「단테는 단테를 생각한다」)라는 구절에도 동일하게 적용될 수 있다. 중요한 것은 시인의 시 세계가 한편으로는 지금-이곳을 폐허와 불모의 세계로 형상화하면서도, 다른 한편으로는 "이 시대를 깨끗이 목욕시킬 수만 있다면"(「물속에 숨어있는 파도」)처럼 지속적으로 그 세계를 변화시키려는 관심을 표시하고 있다는 점이다.

4

>이제 더는
>엉클어진 덤불 속에서도 살 수 없어
>가던 길 멈추지 않으면 안 되는
>얼음꽃을 찾고 있다
>흔들리며 꺾어지고, 꺾어지다
>하얗게 몸 비워버린 물억새 뿌리로
>깊게 타 내려가는 얼음꽃을
>맨발의 누가 찾고 있다
>
>—「얼음들」 부분

"얼음꽃"(「얼음들」)은 존재 자체가 모순적이다. '얼음'이 상징하는 겨울과 '꽃'이 상징하는 봄의 결합체이기 때문이다. 또한 그것은 '얼음'이 지시하는 고난의 이미지와 '꽃'이 가리키는 희망의 이미지 모두를 응축하고 있다. 그것은 긍정과 부정의 합성물이다. 이 시기 시집의 마지막에 배치된 까닭이 이런 이유와 무관하지 않을 것이다. 앞에서 지적했듯이 이재연의 시편들은 지금-이곳에서 벌어지는 부조리한 현실과 "불편한 죽음들"(「다른 입장에 대해 나의 입장을 정리하다가」)을 전면에 내세워 '세계'의 비(非)세계성, 즉 세계의 불모성을 강조하고 있다. 그리고 천사의 부재 또는 침묵이라는 중심적인 모티프는 이 세계의 불모성에 대한 신학적 버전이라고 말할 수 있다. 시인은 이 세계의 불모성을 시적으로 형상화하는 데 그치지 않는다. 이런 까닭에 그녀의 시는 종교적이면서 현실주의적이다. 거기에는 "병든 시절"을 치유하려는 적극적인 의지가 깔려있는데, 인용시에서의 "얼음꽃"을 찾는 과정 역시 그와 무관하지 않은 듯하다. 다만 이전의 시편들이 그것을 '수직', '천사' 등처럼 종교적 상징을 통해 드러낸 데 반해 이 시에서는 자연적 상징을 통해 간접적으로 암시되고 있다는 점이 다를 뿐이다.

 누군가는 이렇게 질문하고 싶을 것이다. 과연 "얼음꽃"이 상징하는 구원이 이 세속도시에서 여전히 가능하기는 한 것인가? 시인은 이 질문에 어떻게 대답할까? 내가 예상하는 대답은 "믿음이 문제다. 멈추면 안 되는 것이 있다."(「반복」)이다. 어떤 곳에서 시인은 "아이들은 천사들을 보고 어른들은 미혹의 그림자를 본다"(「뒤에 올 일」)라고 쓴 적이 있다. 이 진술을 약간 비틀어 말하자면, 시인에게 '구원'은 믿음의 문제이지만, 우리에게 그것은 이성(理性)의 문제였는지도 모른다. 믿음과 이성, 둘 가운데 어느 것이 올바른 길인지 판단하는 것은 시를 읽는 독자의 몫일 것이다. 하지만 이성(理性)에 전폭적인 신뢰를 보낸 우리 시대가 결국 "분석의 대가"와 "앞으로 나아갈 수 없는 회의주의자들"을 생산해왔다는 시인의 지적은 누구도 부정하기 어렵지 않을까.

시인의 말

대화가 없는
평범한 날에는
정오의 햇빛 때문에
식탁 밑의 그늘처럼 앉아있던
나이거나 우리일 수밖에 없는 것들을
더 오래 쳐다볼 수 있었다.

2017 봄
이재연